Impressum
Verlag: BABADADA GmbH, Nedderfeld 112 , 22529 Hamburg
Geschäftsführer / Verlagsleitung: Harald Hof
Druck: Books on Demand GmbH, In de Tarpen 42, 22848 Norderstedt

Imprint
Publisher: BABADADA GmbH, Nedderfeld 112 , 22529 Hamburg, Germany
Managing Director / Publishing direction: Harald Hof
Print: Books on Demand GmbH, In de Tarpen 42, 22848 Norderstedt

shkolla
l'école

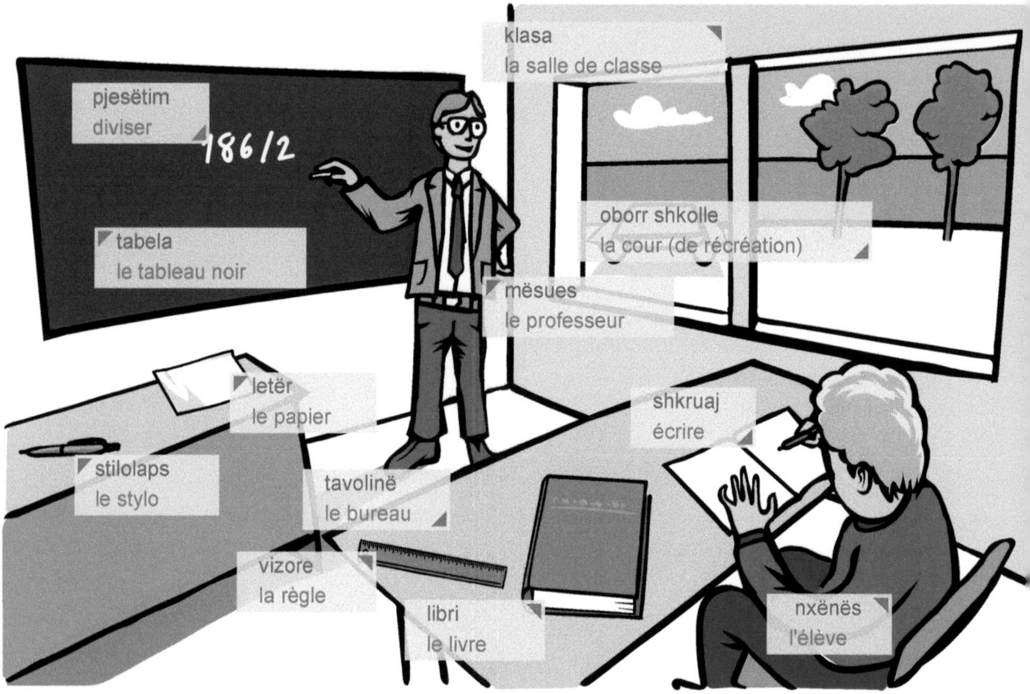

klasa
la salle de classe
pjesëtim
diviser
186/2
tabela
le tableau noir
oborr shkolle
la cour (de récréation)
mësues
le professeur
letër
le papier
shkruaj
écrire
stilolaps
le stylo
tavolinë
le bureau
vizore
la règle
libri
le livre
nxënës
l'élève

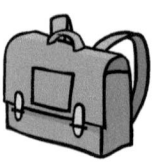

çantë

le cartable

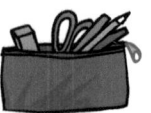

mbajtëse lapsash

la trousse

laps

le crayon

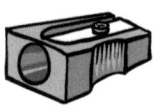

mprehës lapsash

le taille-crayon

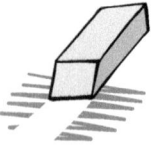

gomë

la gomme

fletore vizatimi

le carnet à dessin

vizatim

le dessin

penel

le pinceau

kuti bojërash

la boîte de peinture

gërshërë

les ciseaux

ngjitës

la colle

fletore detyrash

le cahier d'exercices

detyrë shtëpie

les devoirs

numër

le chiffre

mbledh

additionner

zbres

soustraire

shumëzoj

multiplier

llogaris

calculer

gërmë

la lettre

alfabeti

l'alphabet

fjalë

le mot

tekst

le texte

lexoj

lire

shkumës

la craie

mësim

la leçon

regjistër

le livre de classe

provim

l'examen

çertifikatë

le certificat

uniformë shkolle

l'uniforme scolaire

arsimim

la formation

enciklopedia

le lexique

universitet

l'université

mikroskop

le microscope

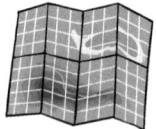

hartë

la carte

kosh letrash

la corbeille à papier

hotel
l'hôtel

Grand

bujtinë
l'auberge

ROOMS

pikë këmbimi valutor
le bureau de change

EXCHANGE

valixhe
la valise

makinë
la voiture

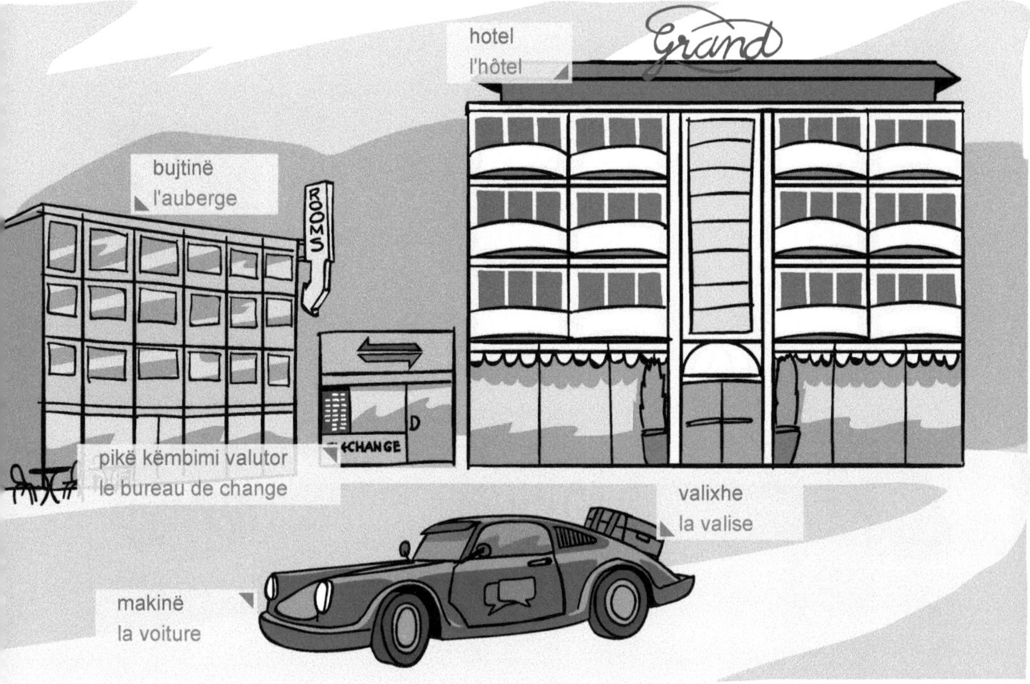

gjuhë
la langue

po / jo
oui / non

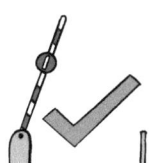

Në rregull
d'accord

ç'kemi
Salut

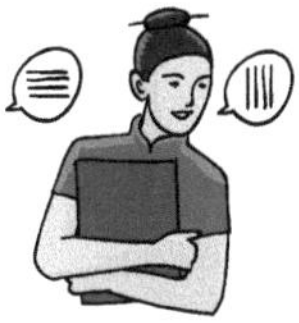

përkthyes
l'interprète

Faleminderit
merci

sa kushton...?

Combien coûte...?

nuk e kuptoj

Je ne comprends pas

problem

le problème

Mirëmbrëma!

Bonsoir !

Mirëmëngjes!

Bonjour !

Natën e mirë!

Bonne nuit !

mirupafshim

Au revoir

drejtim

la direction

bagazhet

les bagages

çantë

le sac

çantë shpine

le sac-à-dos

mysafir

l'hôte

dhomë

la pièce

thes gjumi

le sac de couchage

tendë

la tente

informacion për turistët

l'office de tourisme

plazh

la plage

kartë krediti

la carte de crédit

mëngjes

le petit-déjeuner

drekë

le déjeuner

darkë

le dîner

Biletë

le billet

ashensor

l'ascenseur

pulla

le timbre

kufi

la frontière

doganë

la douane

ambasadë

l'ambassade

vizë

le visa

pasaportë

le passeport

transport
le transport

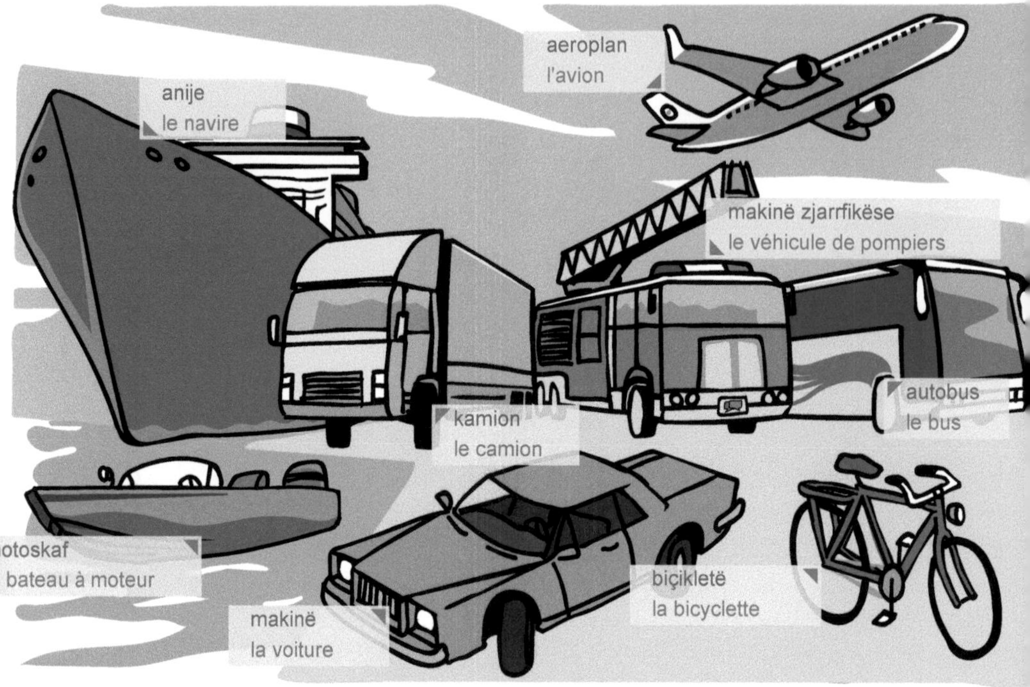
aeroplan
l'avion
anije
le navire
makinë zjarrfikëse
le véhicule de pompiers
autobus
le bus
kamion
le camion
otoskaf
bateau à moteur
biçikletë
la bicyclette
makinë
la voiture

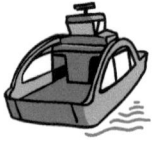

traget

le ferry

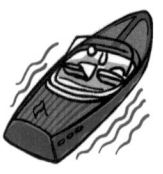

varkë

la barque

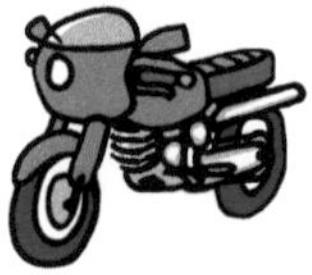

motoçikletë

la moto

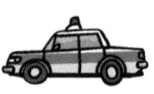

makinë policie

la voiture de police

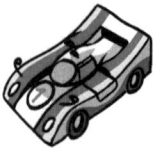

makinë garash

la voiture de course

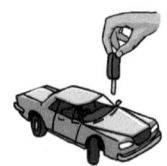

makinë me qira

la voiture de location

ndarje e qirasë së makinës

l'auto-partage

karroatrec

la voiture de remorquage

makinë plehrash

la benne à ordures

motor

le moteur

benzinë

l'essence

pikë karburanti

la station d'essence

sinjalistikë trafiku

le panneau indicateur

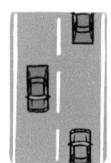

trafik

le trafic

bllokim trafiku

l'embouteillage

parkim makinash

le parking

stacion treni

la gare

trase

les rails

tren

le train

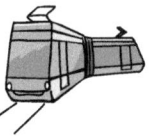

tramvaj

le tramway

karro

le wagon

helikopter

l'hélicoptère

aeroport

l'aéroport

kullë

la tour

pasagjer

le passager

kontenier

le conteneur

kuti kartoni

le carton

qerre

le chariot

shportë

la corbeille

ngrihem / ulem

décoller / atterrir

qytet

la ville

fshat

le village

qendra e qytetit

le centre-ville

shtëpi

la maison

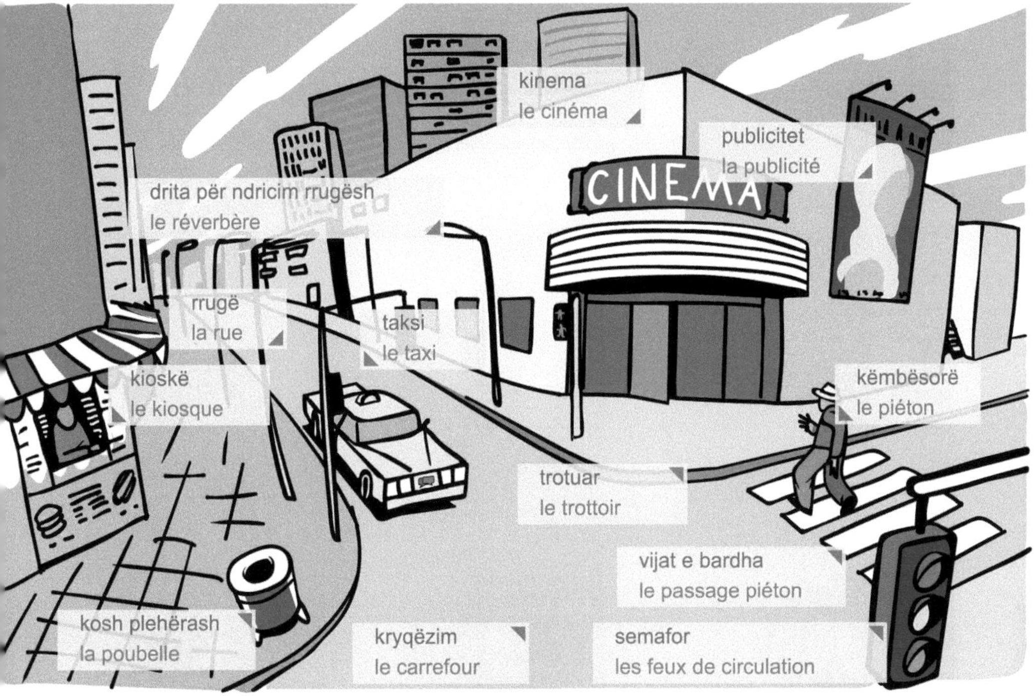
kinema
le cinéma
CINEMA
publicitet
la publicité
drita për ndricim rrugësh
le réverbère
rrugë
la rue
taksi
le taxi
kioskë
le kiosque
këmbësorë
le piéton
trotuar
le trottoir
vijat e bardha
le passage piéton
kosh plehërash
la poubelle
kryqëzim
le carrefour
semafor
les feux de circulation

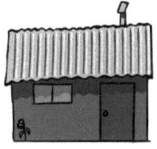

kasolle

la cabane

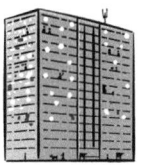

apartament

l'appartement

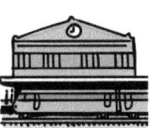

stacion treni

la gare

bashki

la mairie

MUSEUM

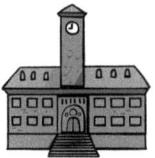

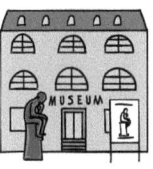

muze

le musée

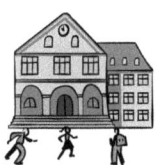

shkolla

l'école

universitet
l'université

bankë
la banque

spital
l'hôpital

hotel
l'hôtel

farmaci
la pharmacie

zyrë
le bureau

librari
la librairie

dyqan
le magasin

dyqan lulesh
le fleuriste

supermarket
le supermarché

market
le marché

mapo
le grand magasin

dyqan peshku
la poissonnerie

qëndër tregtare
le centre commercial

port
le port

park
....
le parc

stol
....
la banque

urë
....
le pont

shkallë
....
les escaliers

metro
....
le métro

tunel
....
le tunnel

stacion autobuzi
....
l'arrêt de bus

bar
....
le bar

restorant
....
le restaurant

kuti postare
....
la boîte à lettres

sinjalistikë rrugore
....
le panneau indicateur

kohëmatës parkimi
....
le parcmètre

kopsht zoologjik
....
le zoo

pishinë
....
le réverbère

xhami
....
la mosquée

fermë
la ferme

ndotje
la pollution

varrezë
la cimetière

kishë
l'église

shesh lojërash
l'aire de jeux

tempull
le temple

peisazh
le paysage

gjethe
la feuille

tabela orientuese
le panneau indicateur

rrugë
le chemin

livadh
le pré

gurë
la pierre

ekskursionist
le randonneur

pemë
l'arbre

lumë
la rivière

bar
l'herbe

lule
la fleur

luginë
la vallée

kodër
la montagne

liqen
le lac

pyll
la forêt

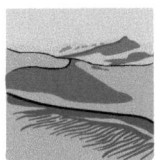

shkretëtirë
le désert

vullkan
le volcan

kështjellë
le château

ylber
l'arc-en-ciel

kepudhë
le champignon

palmë
le palmier

mushkonjë
le moustique

mizë
la mouche

milingonë
les fourmis

bletë
l'abeille

merimangë
l'araignée

brumbull

le coléoptère

bretkosë

la grenouille

ketër

l'écureuil

iriq

le hérisson

lepur

le lièvre

buf

la chouette

zog

l'oiseau

mjellmë

le cygne

derr i egër

le sanglier

dre

le cerf

dre brilopatë

l'élan

digë

le barrage

turbinë ere

l'éolienne

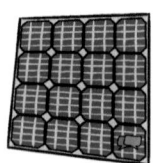

panel diellor

le panneau solaire

klimë

le climat

restorant
le restaurant

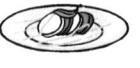

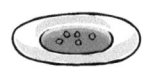

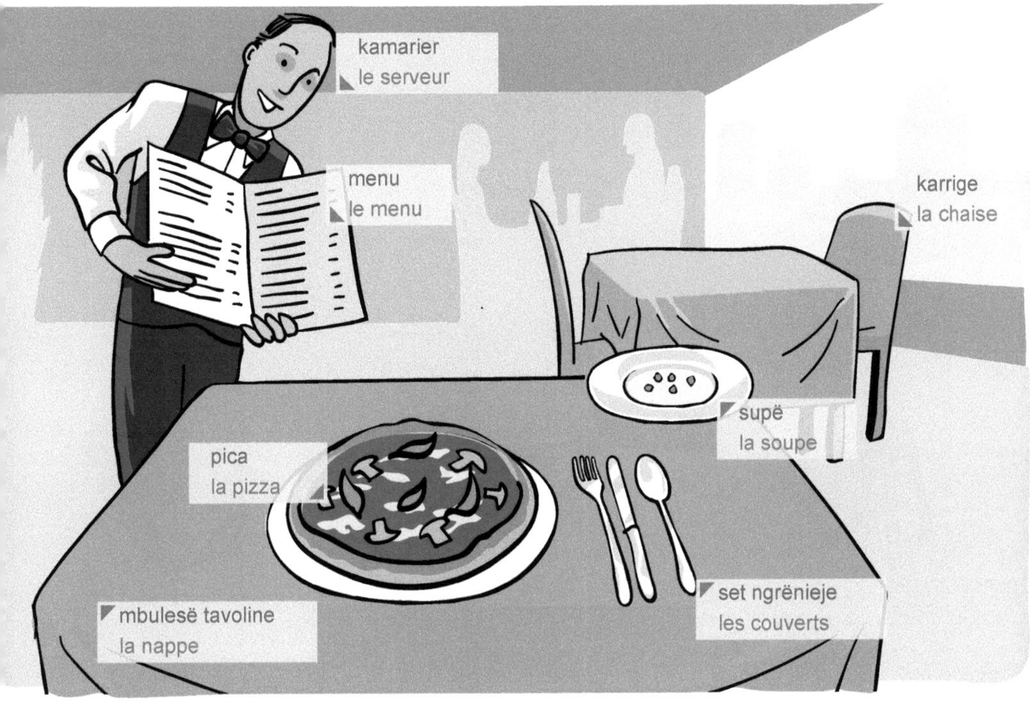

kamarier
le serveur
menu
le menu
karrige
la chaise
supë
la soupe
pica
la pizza
set ngrënieje
les couverts
mbulesë tavoline
la nappe

pjatë e parë
....
les hors d'œuvre

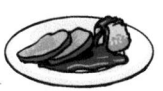

pjatë kryesore
....
le plat principal

ëmbëlsirë
....
le dessert

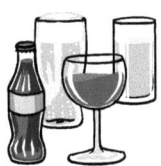

pije
....
les boissons

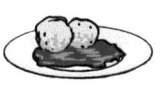

ushqim
....
l'alimentation

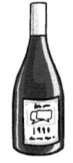

shishe
....
la bouteille

ushqim i shpejtë

le fast-food

ushqim i shërbyer në rrugë

les plats à emporter

ibrik çaji

la théière

kuti sheqeri

le sucrier

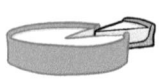

racion

la portion

makinë kafeje ekspres

la machine à expresso

karrige e lartë

la chaise haute

faturë

la facture

tabaka

le plateau

thika

le couteau

pirun

la fourchette

lugë

la cuillère

lugë çaji

la cuillère à thé

pecetë

la serviette

gotë

le verre

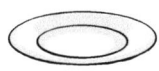

pjatë
l'assiette

pjatë supe
l'assiette à soupe

pjatë filxhani
la soucoupe

salcë
la sauce

mbajtëse kripe
la salière

mulli piperi
le moulin à poivre

uthull
le vinaigre

vaj
l'huile

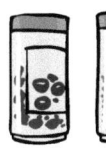

erëza
les épices

keçap
le ketchup

mustardë
la moutarde

majonezë
la mayonnaise

supermarket
le supermarché

ofertë speciale
l'offre promotionnelle
FOR
klient
le client
produkte bulmeti
les produits laitiers
frut
les fruits
karrocë pazari
le chariot

BUTCHERS

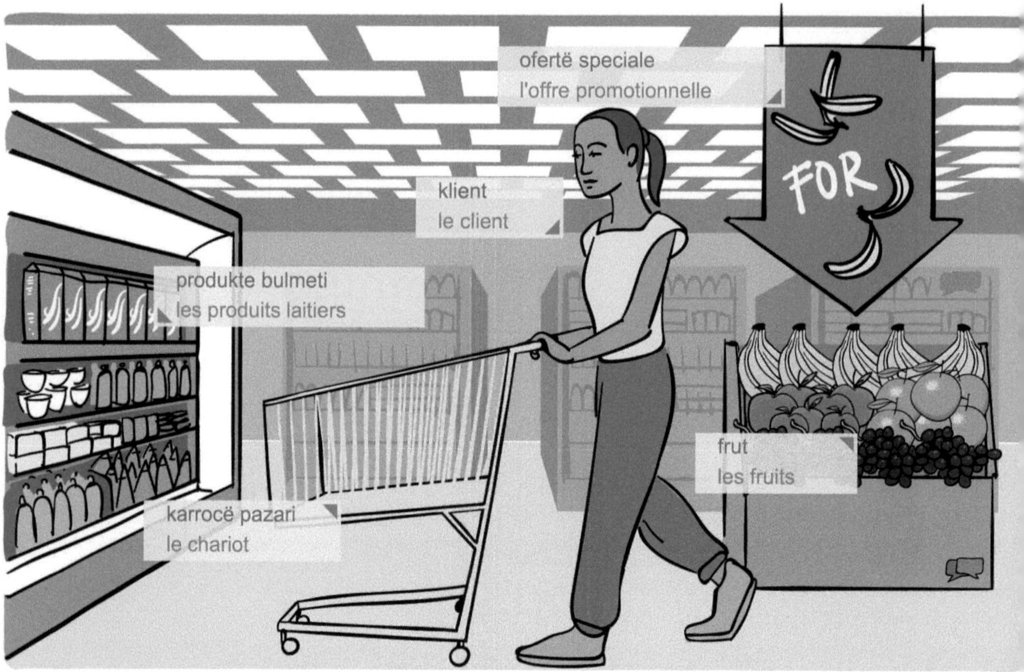

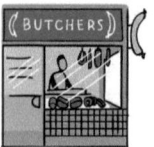

dyqan mishi

la boucherie

BAKERY

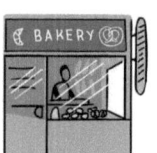

furrë buke

la boulangerie

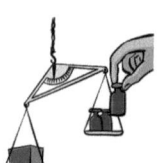

peshoj

peser

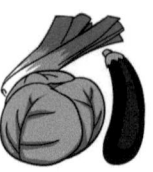

perime

les légumes

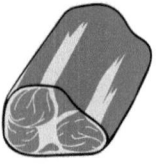

mish

la viande

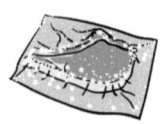

ushqim i ngrirë

les aliments surgelés

copë

la charcuterie

ushqim i konservuar

les conserves

pluhur larës

la poudre à lessive

ëmbëlsirat

les bonbons

prodhime shtëpie

les articles ménagers

produkte pastrimi

les détergents

shitëse

la vendeuse

kasë fiskale

la caisse

arkëtar

le caissier

listë blerjeje

la liste d'achats

oraret e punës

les heures d'ouverture

portofol

le portefeuille

kartë krediti

la carte de crédit

çantë

le sac

qese plastike

le sac en plastique

ujë

l'eau

lëng frutash

le jus de fruit

qumësht

le lait

koka-kola

le coca

verë

le vin

birrë

la bière

alkool

l'alcool

kakao

le chocolat chaud

çaj

le thé

kafe

le café

kafe ekspres

l'expresso

kapuçino

le cappuccino

banane

la banane

mollë

la pomme

portokalle

l'orange

pjepër

le melon

limon

le citron.

karrotë

la carotte

hudhër

l'ail

bambu

le bambou

qepë

l'oignon

kërpudha

le champignon

arra

les noisettes

makarona

les pâtes

spageti

les spaghetti

oriz

le riz

sallatë

la salade

patate të skuqura

les pommes frites

patate të skuqura

les pommes de terre rôties

pica

la pizza

hamburger

le hamburger

sanduiç

le sandwich

shnicel

l'escalope

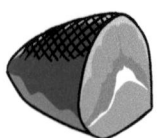

proshutë

le jambon

sallam

le salami

salçiçe

la saucisse

pulë

le poulet

skuq

le rôti

peshk

le poisson

tërshërë
les flocons d'avoine

drithëra
le muesli

kornfleiks
les cornflakes

miell
la farine

kruasant
le croissant

panine
les petits-pains

bukë
le pain

tost
le pain grillé

biskotë
les biscuits

gjalp
le beurre

gjizë
le fromage blanc

tortë
le gâteau

vezë
l'œuf

vezë sy
l'œuf au plat

djathë
le fromage

akullore

la glace

sheqer

le sucre

mjaltë

le miel

marmaladë

la confiture

çokokrem

la crème nougat

këri

le curry

ushqim - l'alimentation

shtëpi fermë
la ferme

deng bari
la botte de paille

hangar
la grange

fushë
le champ

kal
le cheval

rimorkio
la remorque

kërriç
le poulain

traktor
le tracteur

gomar
l'âne

dele
le mouton

qengj
l'agneau

dhi
la chèvre

lopë
la vache

viç
le veau

derr
le porc

derrkuc
le porcelet

dem
le taureau

patë
....
l'oie

rosë
....
le canard

zog pule
....
le poussin

pulë
....
la poule

gjel
....
le coq

mi
....
le rat

mace
....
le chat

mi
....
la souris

buall
....
le bœuf

qen
....
le chien

kolibe qeni
....
le chenil

zorrë vaditëse
....
le tuyau de jardin

vaditëse
....
l'arrosoir

kosë
....
la faucheuse

plug
....
la charrue

drapër
....
la faucille

shat
....
la pioche

kosa
....
la fourche

sëpatë
....
la hache

karrocë
....
la brouette

govatë
....
la cuve

bidon qumështi
....
le pot à lait

thes
....
le sac

gardh
....
la clôture

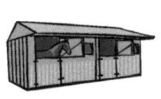

ahur
....
l'étable

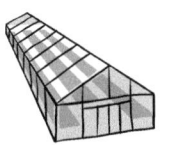

serë
....
le serre

dhe
....
le sol

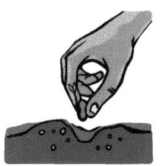

farë
....
les semences

pleh
....
l'engrais

autokombanjë
....
la moissonneuse-batteuse

korr
récolter

te korrat
la récolte

patate e ëmbël "Yam"
l'igname

grurë
le blé

soja
le soja

patate
la pomme de terre

misër
le maïs

raps
le colza

pemë frutore
l'arbre fruitier

zhardhok manioku
le manioc

drithëra
les céréales

fermë - la ferme

shtëpi

la maison

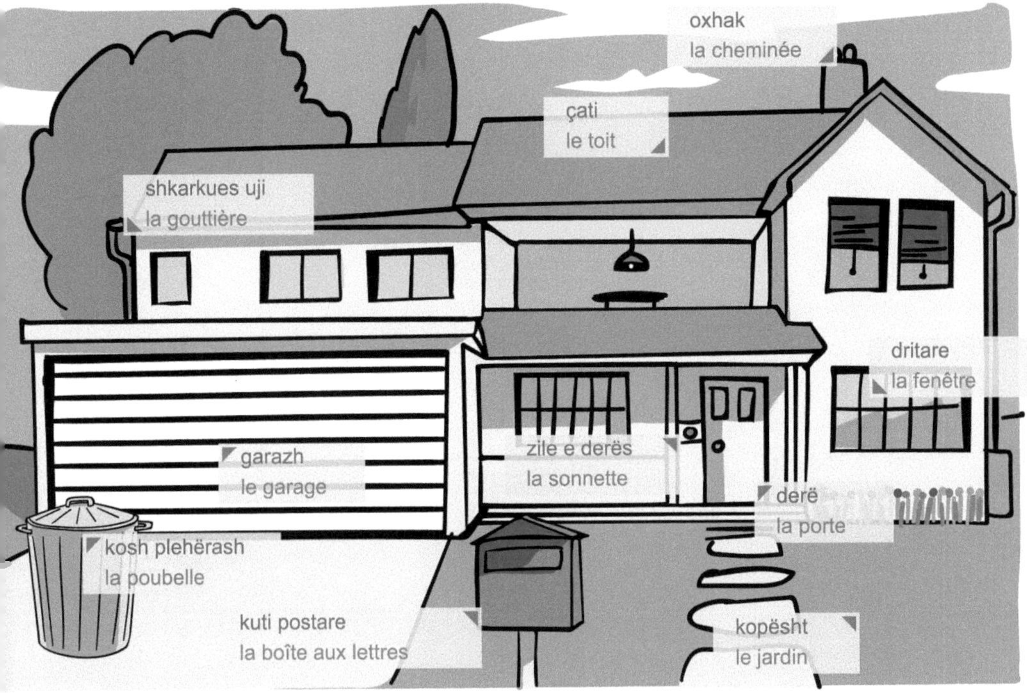
oxhak
la cheminée
çati
le toit
shkarkues uji
la gouttière
dritare
la fenêtre
garazh
le garage
zile e derës
la sonnette
derë
la porte
kosh plehërash
la poubelle
kuti postare
la boîte aux lettres
kopësht
le jardin

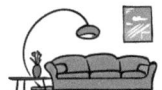

dhomë ndenjeje
le salon

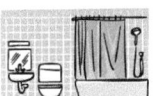

tualet
la salle de bain

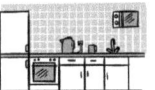

kuzhinë
la cuisine

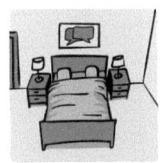

dhomë gjumi
la chambre à coucher

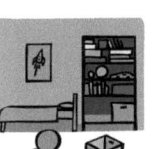

dhomë fëmijësh
la chambre d'enfant

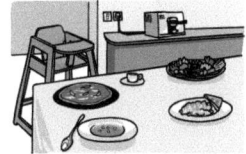

dhomë ngrënieje
la salle à manger

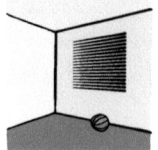

dysheme

le sol

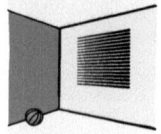

mur

le mur

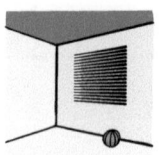

tavan

le plafond

bodrum

la cave

sauna

le sauna

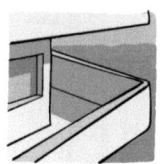

ballkon

le balcon

tarracë

la terrasse

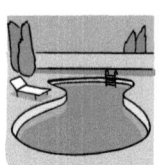

pishinë

la piscine

kositëse bari

la tondeuse à gazon

çarçaf

la housse

kuvertë

la couette

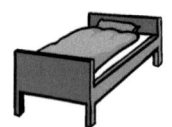

krevat

le lit

fshesë dore

le balai

kovë

le sceau

çelës

l'interrupteur

dhomë ndenjeje

le salon

tapiceri
le papier peint
fotografi
l'image
llambë
la lampe
raft
l'étagère
dollap
l'armoire
pajisje televizive
la télé
vatër
la cheminée
lule
la fleur
jastëk
le coussin
divan
le sofa
vazo
le vase
telekomandë
la télécommande

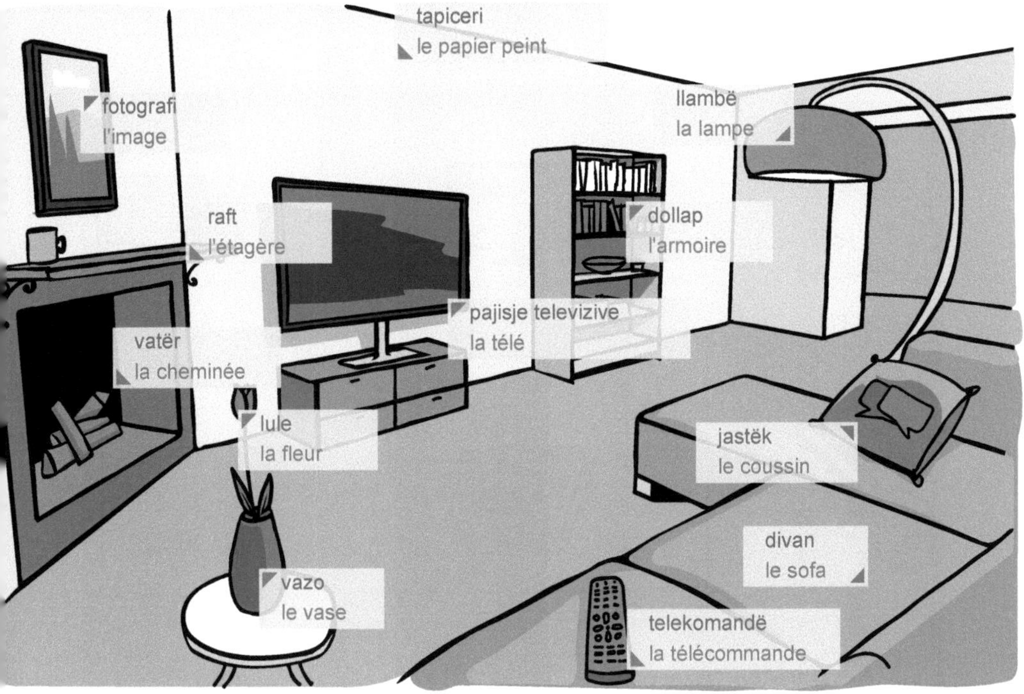

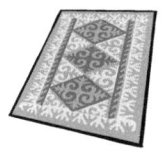

qilim

le tapis

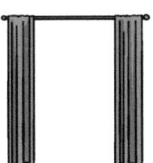

perde

le rideau

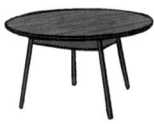

tavolinë

la table

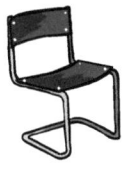

karrige

la chaise

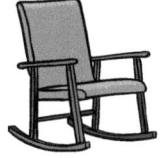

karrige lëkundëse

la chaise à bascule

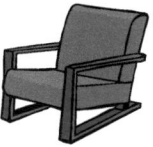

kolltuk

le fauteuil

libri

le livre

batanije

la couverture

zbukurime

la décoration

dru zjarri

le bois de chauffage

film

le film

stereo

la chaîne hi-fi

çelës

la clé

gazetë

le journal

pikturë

la peinture

afishe

le poster

radio

la radio

bllok shënimesh

le bloc-notes

fshesë me korent

l'aspirateur

kaktus

le cactus

qiri

la bougie

kuzhinë
la cuisine

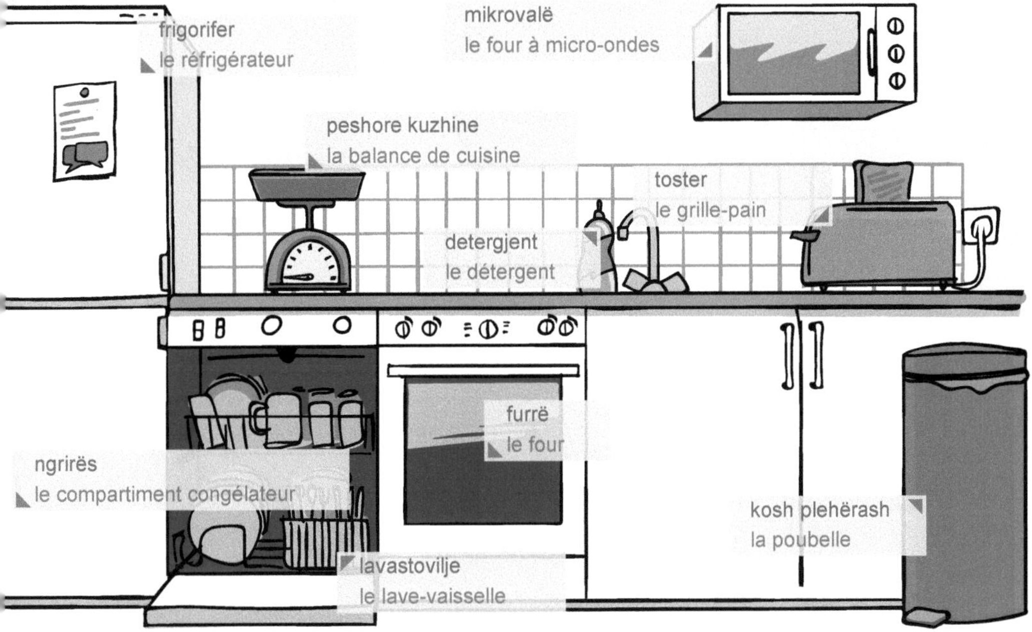
frigorifer
le réfrigérateur
mikrovalë
le four à micro-ondes
peshore kuzhine
la balance de cuisine
toster
le grille-pain
detergjent
le détergent
furrë
le four
ngrirës
le compartiment congélateur
kosh plehërash
la poubelle
lavastovilje
le lave-vaisselle

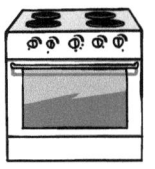

sobë

le four

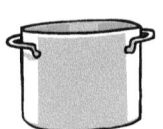

tenxhere

la casserole

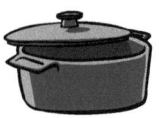

tenxhere me kapak

la marmite

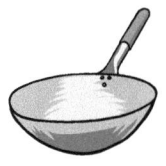

tigan special (Wok)

le wok / kadai

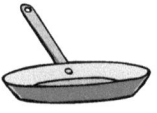

tigan

la poêle

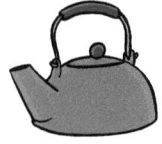

çajnik

la bouilloire electrique

tenxhere me avull

le cuiseur vapeur

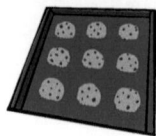

tavë pjekjeje

la plaque de cuisson

enë

la vaisselle

filxhan

le gobelet

tas

la coupe

shkopinj

les baguettes

garuzhde

la louche

spatul

la spatule

tel kuzhine

le fouet

kulluese

la passoire

sitë

le tamis

rende

la râpe

havan

le mortier

skarë

le barbecue

zjarr

la cheminée

dërrasë për prerje

la planche à découper

okllai

le rouleau à pâtisserie

heqëse tapash

le tire-bouchon

kanaçe

la boîte

hapëse kanaçeje

l'ouvre-boîte

rrobë për të kapur tenxheren

les maniques

lavaman

le lavabo

furçë

la brosse

sfungjer

l'éponge

përzjerës

le mixeur

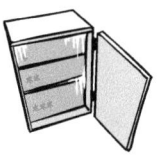

ngrirës

le congélateur

biberon për lëngje

le biberon

rubinet

le robinet

tualet
la salle de bain

dush
la douche
ngrohje
le chauffage
peshqirë
la serviette
perde dushi
le rideau de douche
vaskë me shkumë
le bain moussant
vaskë
la baignoire
gotë
le verre
lavatriçe
la machine à laver
rubinet
le robinet
pllaka
le carrelage
oturak
le pot
lavaman
le lavabo

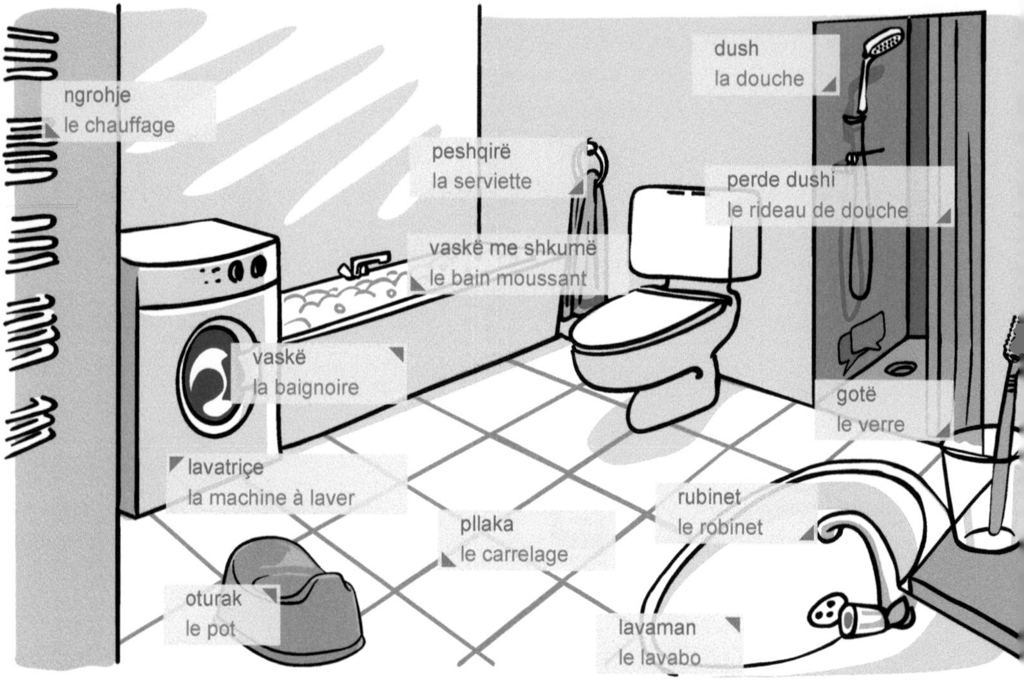

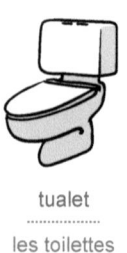

tualet

les toilettes

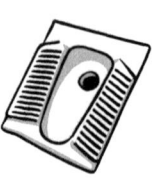

WC e sheshtë

la toilette à la turque

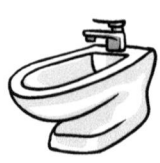

bide

le bidet

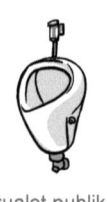

tualet publik

l'urinoir

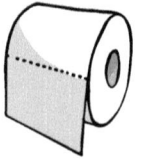

letër higjienike

le papier toilette

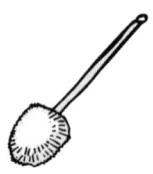

furçe për WC

la brosse à toilette

furçë dhëmbësh

la brosse à dents

pastë dhëmbësh

le dentifrice

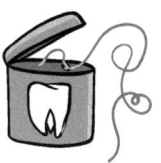

fije dentare

le fil dentaire

laj

laver

dorezë dushi

la douche manuelle

larës për zonën intime

la douche intime

legen

la vasque

furçë për masazh shpine

la brosse dorsale

sapun

le savon

shampo trupi

le gel douche

shampo

le shampooing

leckë pastruese

le gant de toilette

kullues

l'écoulement

krem

la crème

antidjersë

le déodorant

pasqyrë

le miroir

pasqyrë dore

le miroir cosmétique

brisk rroje

le rasoir

shkumë rroje

la mousse à raser

locion pas rrojes

l'après-rasage

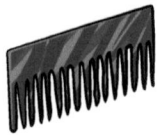

krehër

la peigne

furçë

la brosse

tharëse flokësh

le sèche-cheveux

llak për flokët

la laque pour cheveux

grim

le fond de teint

buzëkuq

le rouge à lèvres

manikyr

le vernis à ongles

mbushje pambuku

l'ouate

gërshërë për thonj

le coupe-ongles

parfum

le parfum

çantë për sendet personale

la trousse de toilette

Stol

le tabouret

peshore

le pèse-personne

robëdëshambër

le peignoir

dorashka gome

les gants de nettoyage

tampon

le tampon

peceta higjienike

les serviettes hygiéniques

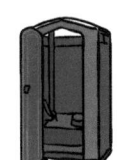

tualet I lëvizshëm

la toilette chimique

dhomë fëmijësh

la chambre d'enfant

orë me zile
le réveil
lodra me pellushë
le doudou
makinë lodër
la voiture jouet
rraketake
le hochet
shtëpi kukullash
la maison de poupée
dhuratë
le cadeau

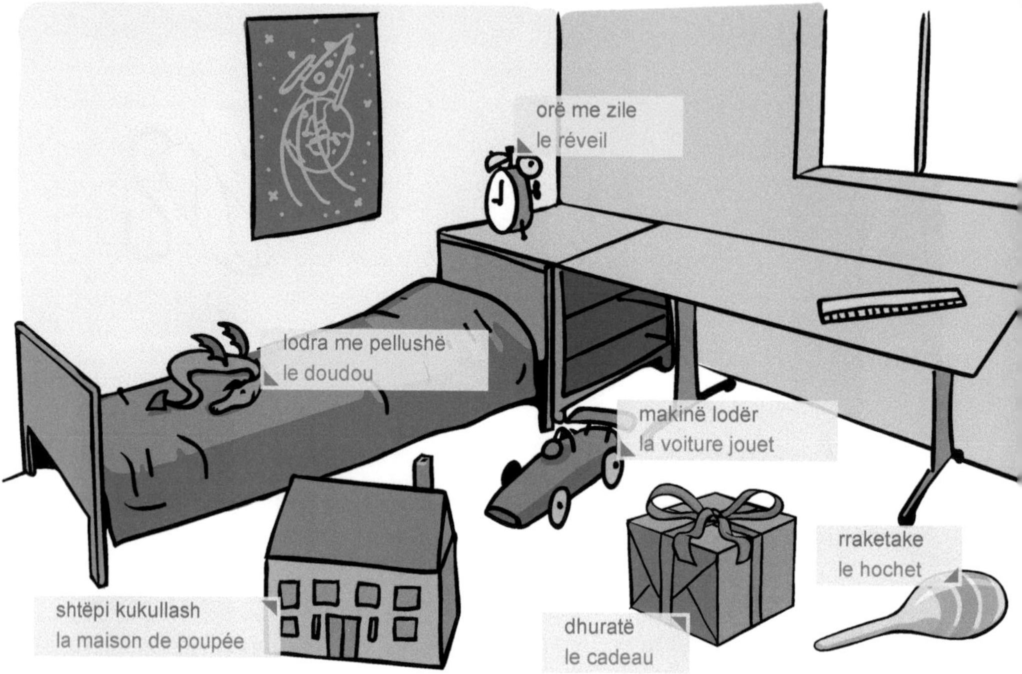

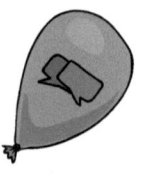

tollumbace

le ballon

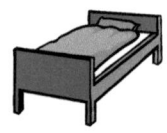

krevat

le lit

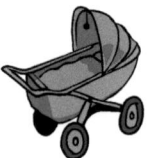

karrocë fëmijësh

la poussette

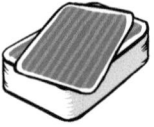

lojë me letra

le jeu de cartes

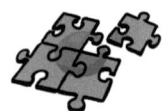

bashkim pjesësh me figura

le puzzle

SUPER
MEGA

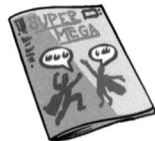

komik

la bande dessinée

formuese lodër

les pièces lego

kuba plastikë

les blocs de construction

lodra

la figurine

badi

la grenouillère

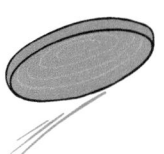

frizbi

le frisbee

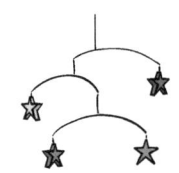

lodra të varura tek krevati i fëmijëve

le mobile

tavolinë lojërash

le jeu de société

zare

le dé

model treni

le train miniature

biberon

la sucette

festë

la fête

libër me ilustrime

le livre d'images

top

la balle

kukull

la poupée

luaj

jouer

grumbull rëre

le bac à sable

kolovarëse

la balançoire

lodra

les jouets

leva për lojra video

la console de jeu

triçikël

le tricycle

arush prej pellushi

l'ours en peluche

garderobë

l'armoire

veshje
les vêtements

çorape

les chaussettes

çorape të gjata

les bas

geta

le collant

shall
l'écharpe

çadër
le parapluie

bluzë pa jakë
le t-shirt

rrip
la ceinture

çizme
les bottes

pantofla
les pantoufles

atlete
les baskets

sandale
les sandales

këpucë
les chaussures

çizme llastiku
les bottes de caoutchouc

të mbathura
les sous-vêtements

reçipeta
le soutien-gorge

kanotierë
le maillot de corps

trup
le body

pantallona
le pantalon

xhinse
le jean

fund
la jupe

bluzë
le chemisier

këmishë
la chemise

pulovër
le pull

triko
le sweat à capuche

xhaketë
la veste

xhaketë
la veste

pallto
le manteau

mushama shiu
l'imperméable

kostum
le costume

fustan
la robe

fustan nusërie
la robe de mariée

kostum

le costume

këmishë nate

la chemise de nuit

pizhama

le pyjama

sari (veshje tradicionale indiane)

le sari

shami koke

le foulard

çallmë

le turban

veshje për femrat e besimit musliman

la burqa

kaftan (lloj veshjeje tradicionale)

le caftan

ferexhe

l'abaya

kostum banje

le maillot de bain

rroba banje

le maillot de bain

pantallona të shkurtra

le short

tuta sporti

la tenue d'entraînement

përparëse

le tablier

dorashka

les gants

kopsë

le bouton

syze

les lunettes

byzylyk

le bracelet

gjerdan

le collier

unazë

la bague

vath

la boucle d'oreille

kapuç

le bonnet

varëse për pallto

le cintre

kapele

le chapeau

kravatë

la cravate

zinxhir

la fermeture éclair

helmetë

le casque

tiranda

les bretelles

uniformë shkolle

l'uniforme scolaire

uniformë

l'uniforme

gushore

le bavoir

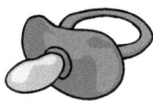

biberon

la sucette

pelenë

la lange

zyrë

le bureau

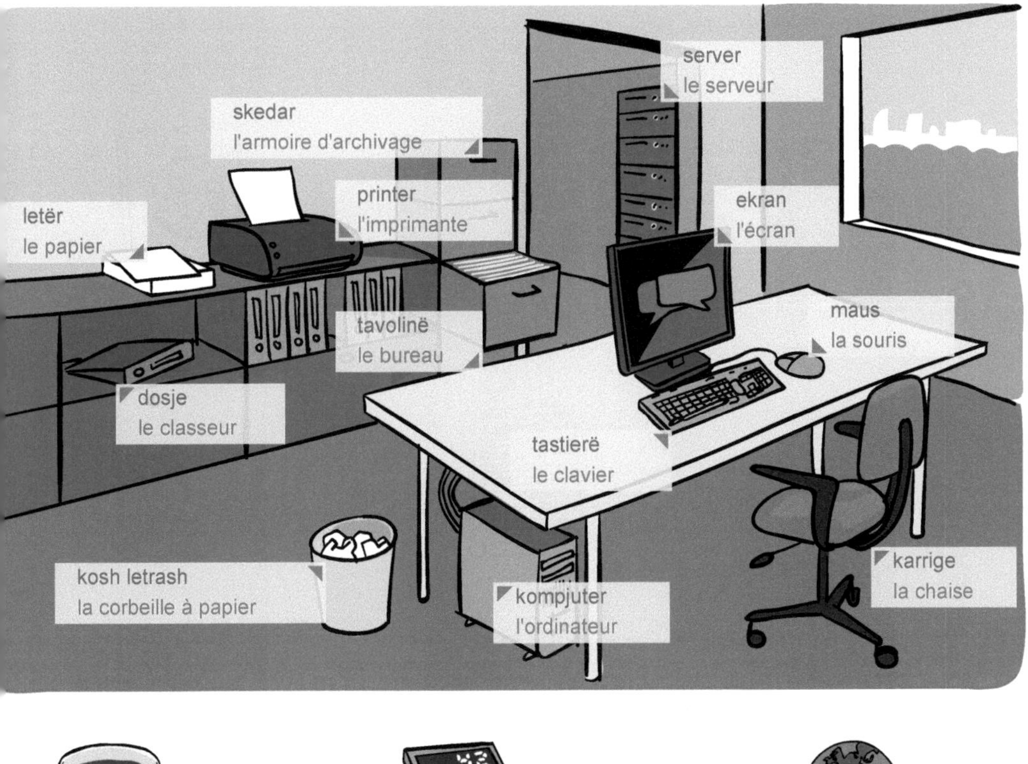

server
le serveur

skedar
l'armoire d'archivage

printer
l'imprimante

ekran
l'écran

letër
le papier

tavolinë
le bureau

maus
la souris

dosje
le classeur

tastierë
le clavier

kosh letrash
la corbeille à papier

karrige
la chaise

kompjuter
l'ordinateur

filxhan kafeje

la tasse de café

makinë llogaritëse

la calculatrice

internet

l'internet

kompjuter portativ

l'ordinateur portable

letër

la lettre

mesazh

le message

telefon

le portable

rrjet

le réseau

fotokopje

la photocopieuse

program

le logiciel

telefon

le téléphone

prizë

la prise

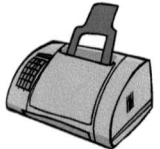

pajisje faksi

le fax

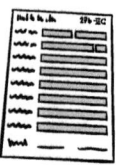

formular

le formulaire

dokument

le document

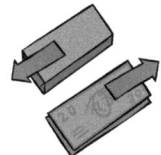

blej

acheter

paguaj

payer

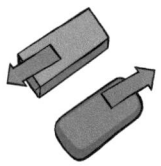

tregtoj

faire du commerce

para

la monnaie

dollar

le dollar

euro

l'euro

jen

le yen

rubla

le rouble

franga zvicerane

le franc suisse

juani kinez

le renminbi yuan

rupje

la roupie

bankomat

le distributeur automatique

pikë këmbimi valutor

le bureau de change

ar

l'or

argjend

l'argent

nafta

le pétrole

energji

l'énergie

çmim

le prix

kontratë

le contrat

taksë

la taxe

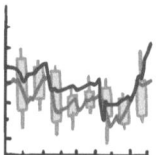

aksione

l'action

punoj

travailler

punonjës

l'employé

punëdhënës

l'employeur

fabrikë

l'usine

dyqan

le magasin

ekonomi - l'économie

profesionet
les professions

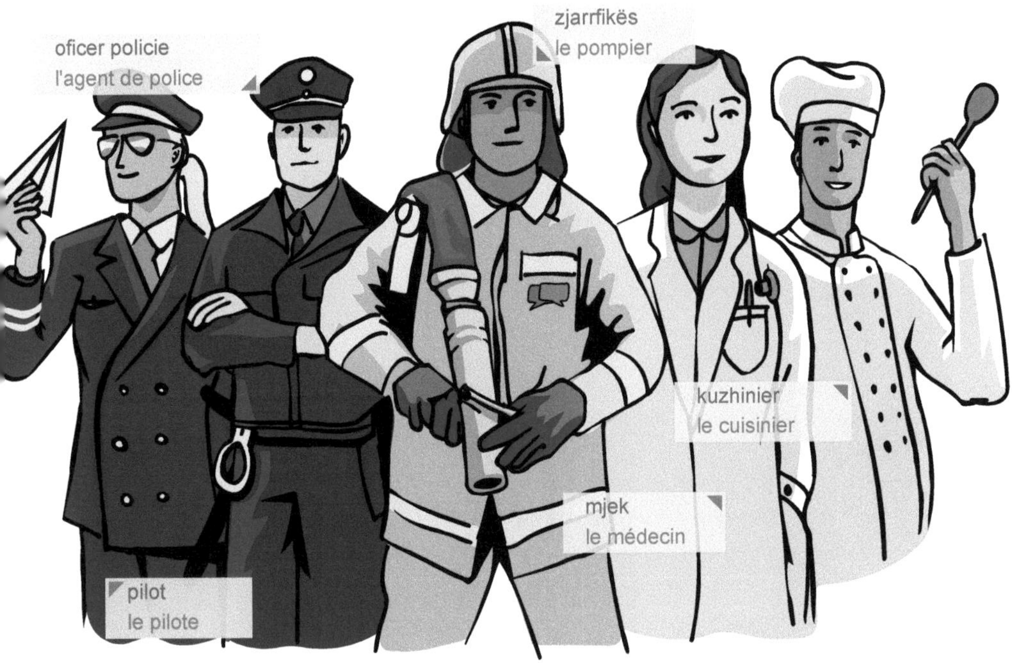
zjarrfikës
le pompier
oficer policie
l'agent de police
kuzhinier
le cuisinier
mjek
le médecin
pilot
le pilote

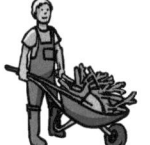

kopshtar

le jardinier

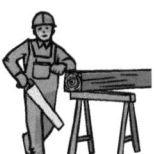

marangoz

le menuisier

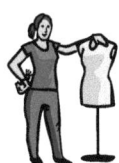

rrobaqepëse

la couturière

gjykatës

le juge

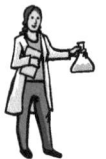

kimist

le chimiste

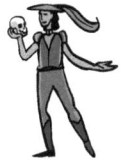

aktor

l'acteur

shofer autobuzi

le conducteur de bus

taksist

le chauffeur de taxi

peshkatar

le pêcheur

pastruese

la femme de ménage

riparues çatish

le couvreur

kamarier

le serveur

gjuetar

le chasseur

piktor

le peintre

furrxhi

le boulanger

elektriçist

l'électricien

ndërtues

l'ouvrier

inxhinier

l'ingénieur

kasap

le boucher

hidraulik

le plombier

postieri

le facteur

ushtar

le soldat

arkitekt

l'architecte

arkëtar

le caissier

luleshitës

le fleuriste

berber

le coiffeur

kontrollor

le contrôleur

mekanik

le mécanicien

kapiten

le capitaine

dentist

le dentiste

shkencëtar

le scientifique

rabin

le rabbin

imam

l'imam

murg

le moine

klerik

le prêtre

mjete
les outils

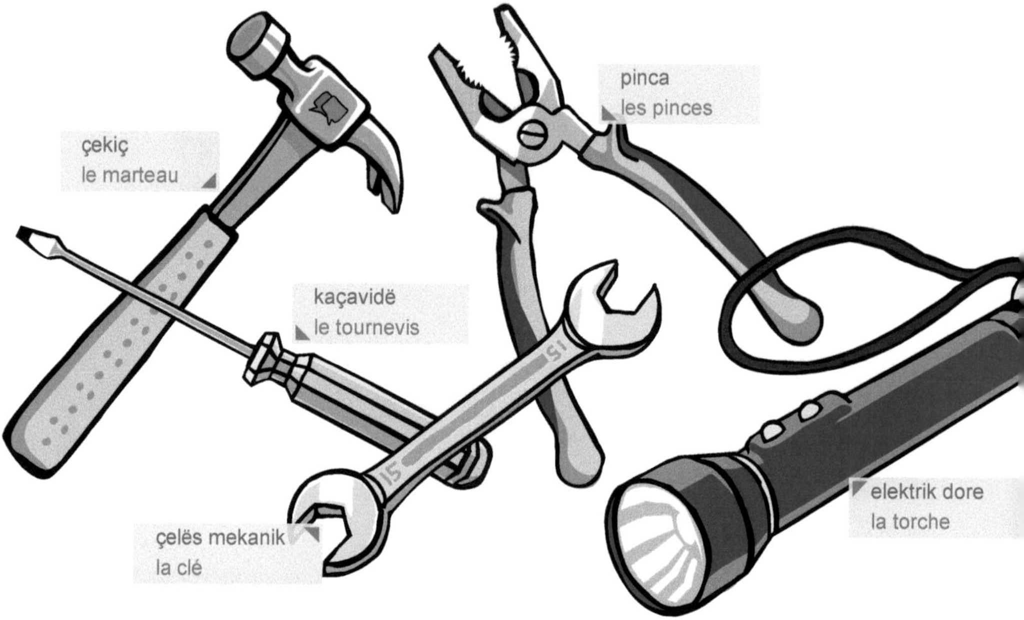

çekiç
le marteau
pinca
les pinces
kaçavidë
le tournevis
elektrik dore
la torche
çelës mekanik
la clé

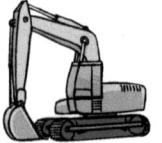

ekskavator

la pelleteuse

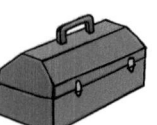

kuti veglash

la boîte à outils

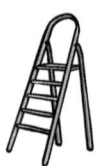

shkallë

l'échelle

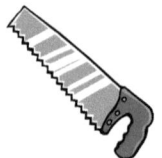

sharrë

la scie

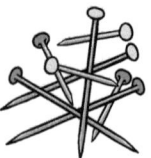

gozhdë

les clous

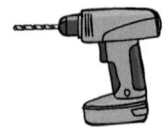

trapan

la perceuse

riparoj
réparer

lopatë
la pelle

Dreq!
Mince !

kaci
la pelle

kuti boje
le pot de peinture

vidhë
les vis

instrumenta muzikorë
les instruments de musique

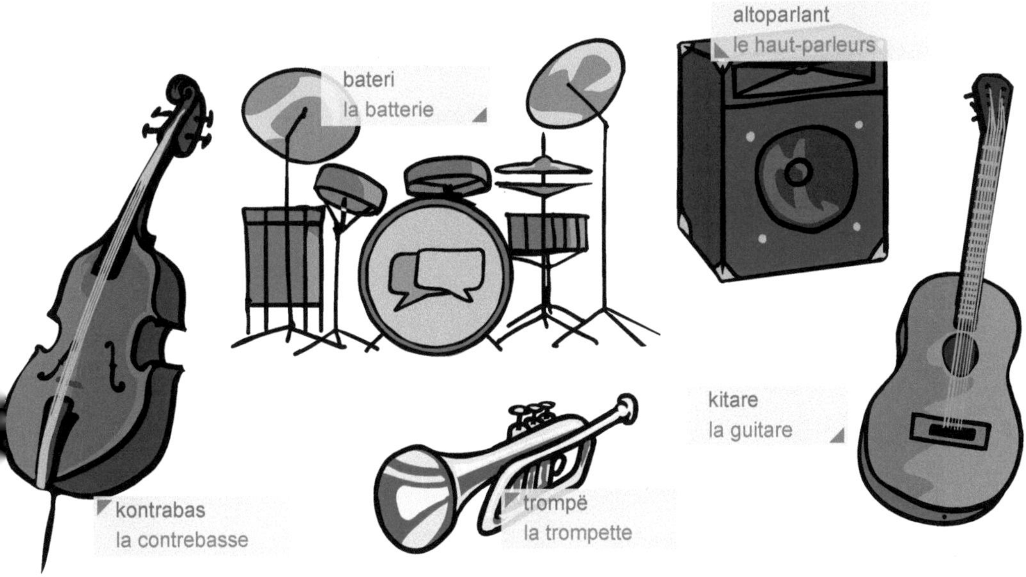

bateri
la batterie

altoparlant
le haut-parleurs

kitare
la guitare

kontrabas
la contrebasse

trompë
la trompette

piano

le piano

violinë

le violon

bas

la basse

tamburë

les timbales

daulle

le tambour

tastierë pianoje

le piano électrique

saksofon

le saxophone

flaut

la flûte

mikrofon

le microphone

kopsht zoologjik

le zoo

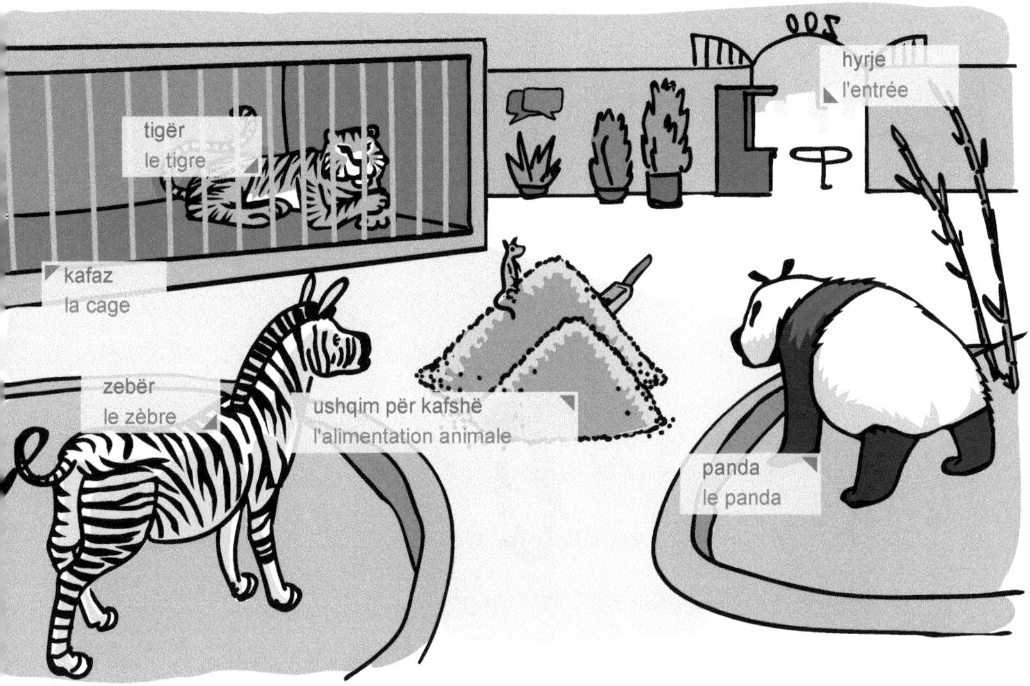

hyrje
l'entrée
tigër
le tigre
kafaz
la cage
zebër
le zèbre
ushqim për kafshë
l'alimentation animale
panda
le panda

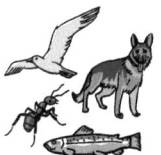

kafshë
les animaux

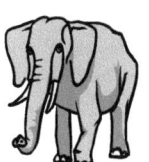

elefant
l'éléphant

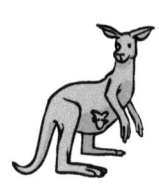

kangur
le kangourou

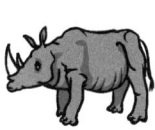

rinoceront
le rhinocéros

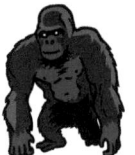

gorillë
le gorille

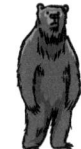

ari
l'ours

deve

le chameau

struc

l'autruche

luan

le lion

majmun

le singe

flamingo

le flamand rose

papagall

le perroquet

ari polar

l'ours polaire

pinguin

le pingouin

peshkaqen

le requin

pallua

le paon

gjarpër

le serpent

krokodil

le crocodile

punonjës i kopshtit zoologjik

le gardien de zoo

fokë

le phoque

xhaguar

le jaguar

kopsht zoologjik - le zoo

poni

le poney

leopard

le léopard

hipopotam

l'hippopotame

gjirafë

la girafe

shqiponjë

l'aigle

derr i egër

le sanglier

peshk

le poisson

breshkë

la tortue

lopë deti

le morse

dhelpër

le renard

gazelë

la gazelle

futboll amerikan
l'american Football

çiklizëm
le cyclisme

tenis
le tennis

basketboll
le basket-ball

not
la natation

boks
la boxe

hokej mbi akull
le hockey sur glace

futboll

le football

badminton

le badminton

atletikë

l'athlétisme

hendboll

le handball

ski

le ski

polo

le polo

aktivitet
les activités

hidhem
sauter
përqafoj
embrasser
qesh
rire
eci
marcher
këndoj
chanter
ëndërroj
rêver
lutem
prier
puth
faire la bise

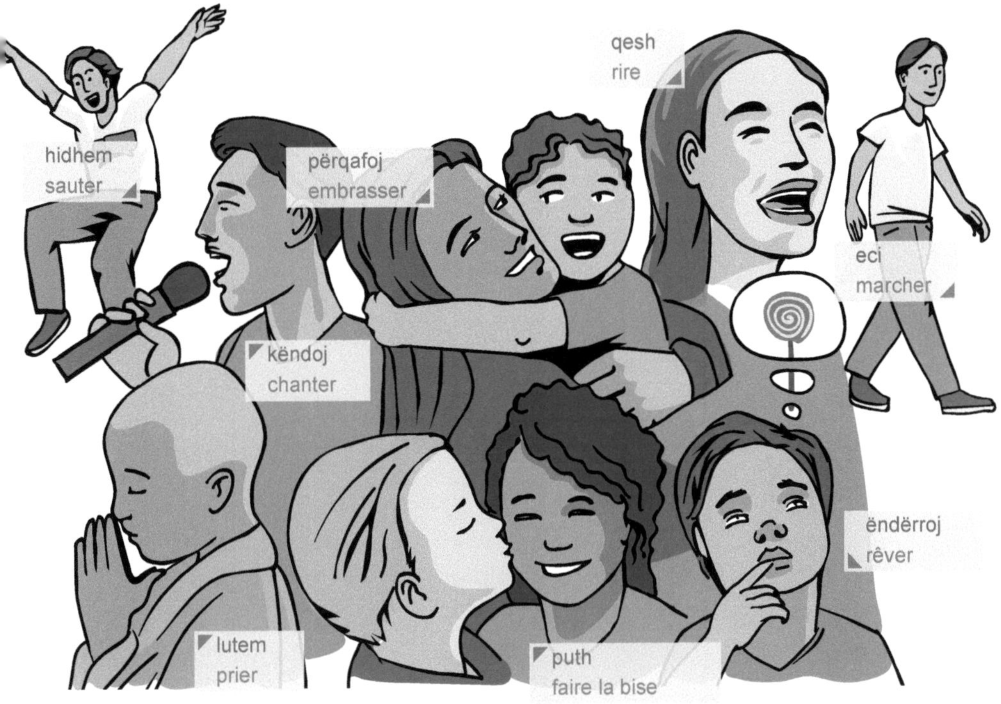

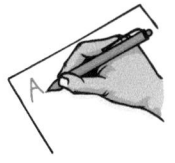

shkruaj

écrire

vizatoj

dessiner

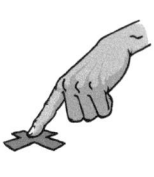

tregoj

montrer

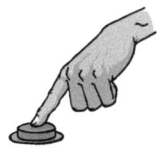

shtyj

pousser

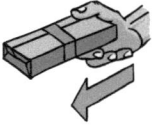

jap

donner

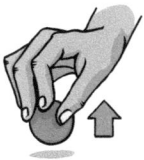

marr

prendre

kam

avoir

bëj

faire

jam

être

qëndroj

être debout

vrapoj

courir

tërheq

trier

hedh

jeter

bie

tomber

shtrihem

être couché

pres

attendre

mbaj

porter

ulem

être assis

vishem

s'habiller

fle

dormir

zgjohem

se réveiller

aktivitet - les activités

shikoj
....
regarder

qaj
....
pleurer

përkëdhel
....
caresser

kreh
....
peigner

bisedoj
....
parler

kuptoj
....
comprendre

kërkoj
....
demander

dëgjoj
....
écouter

pi
....
boire

ha
....
manger

sistemoj
....
ranger

dashuroj
....
aimer

gatuaj
....
cuire

drejtoj makinën
....
conduire

fluturoj
....
voler

aktivitet - les activités   65

lundroj

faire de la voile

llogaris

calculer

lexoj

lire

mësoj

apprendre

punoj

travailler

martohem

se marier

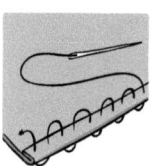

qep

coudre

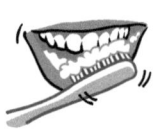

laj dhëmbët

brosser les dents

vras

tuer

tymos

fumer

dërgoj

envoyer

aktivitet - les activités

familje
la famille

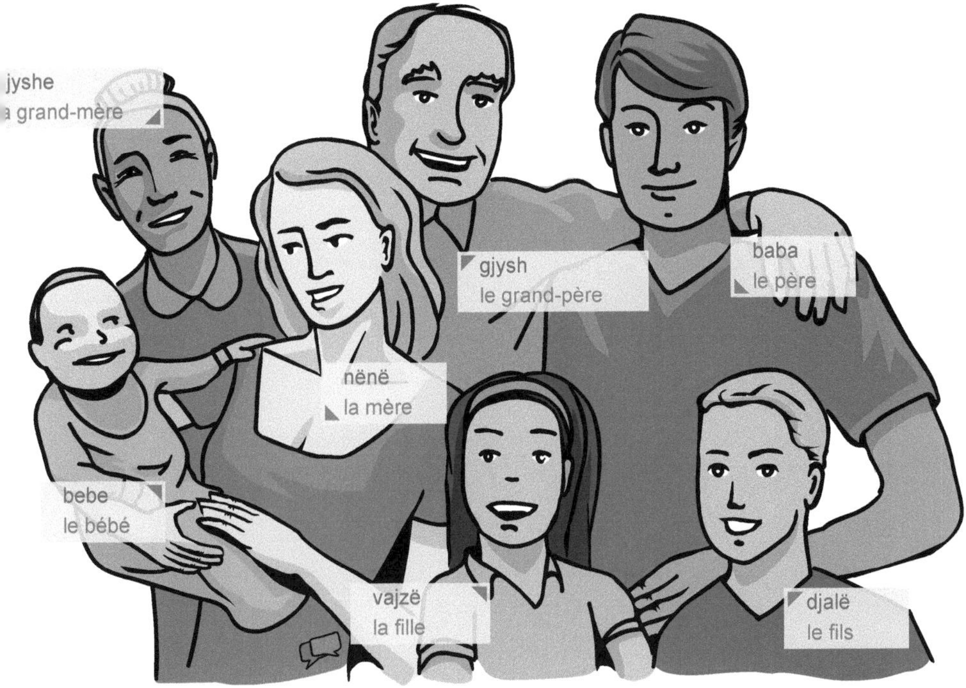
jyshe
a grand-mère
gjysh
le grand-père
baba
le père
nënë
la mère
bebe
le bébé
vajzë
la fille
djalë
le fils

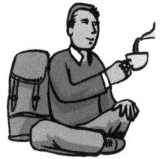

mysafir

l'hôte

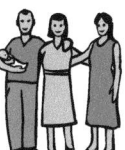

teze, hallë

la tante

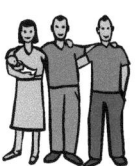

dajë, xhaxha

l'oncle

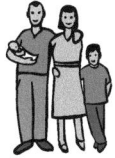

vëlla

le frère

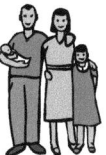

motër

la sœur

trupi
le corps

balli
le front
syri
l'œil
shpatulla
l'épaule
gishti
le doigt
fytyra
le visage
mjekra
le menton
dora
la main
këmba
la jambe
krahërori
la poitrine
krahu
le bras

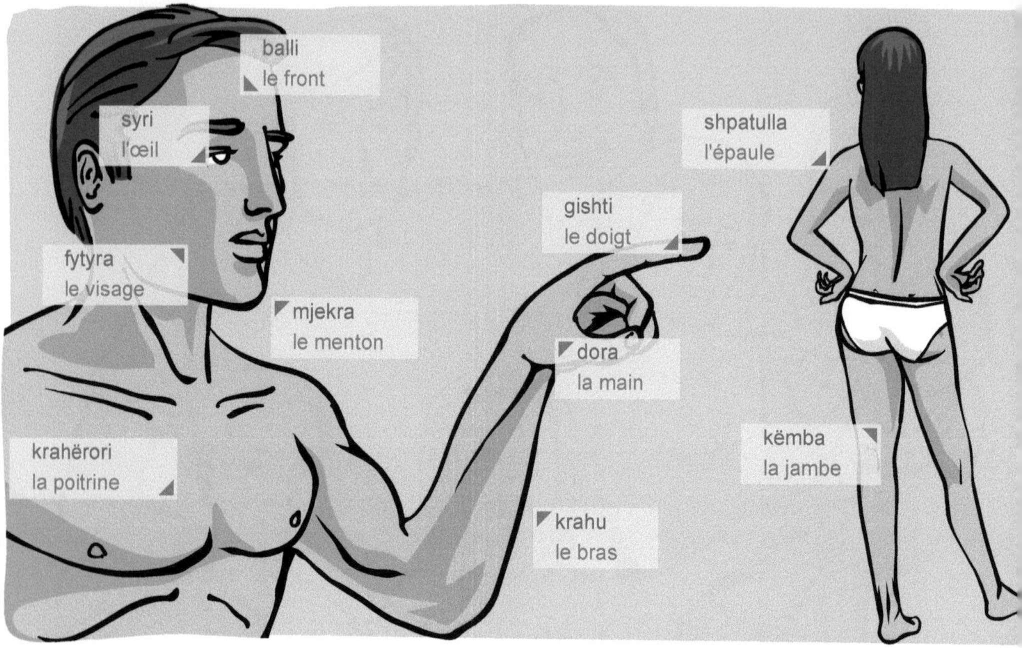

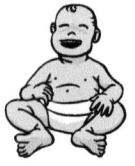

bebe
le bébé

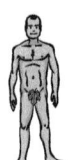

burrë
l'homme

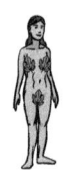

grua
la femme

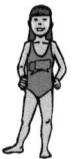

vajzë
la fille

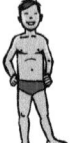

djalë
le garçon

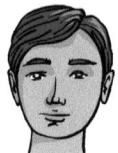

koka
la tête

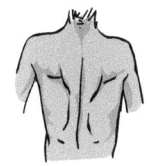

shpina

le dos

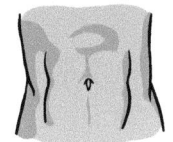

barku

le ventre

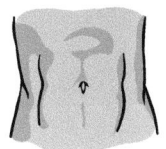

kërthiza

le nombril

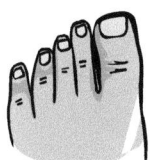

gisht këmbe

l'orteil

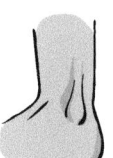

Thembra

le talon

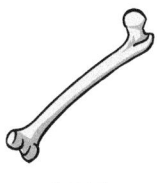

kockë

l'os

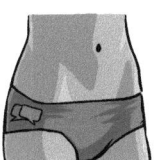

legeni

la hanche

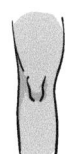

gjuri

le genou

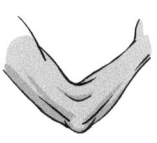

bërryli

le coude

hunda

le nez

vithe

les fesses

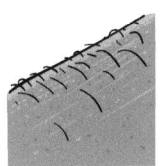

lëkura

la peau

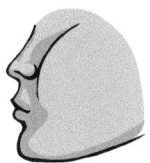

faqja

la joue

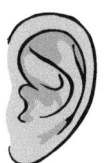

veshi

l'oreille

buza

la lèvre

trupi - le corps

goja

la bouche

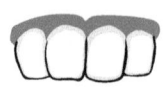

dhëmbët

la dent

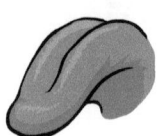

gjuha

la langue

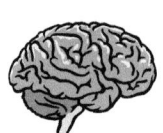

truri

le cerveau

zemra

le cœur

muskul

le muscle

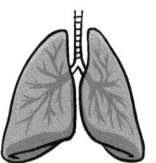

mushkëria

les poumons

mëlçia

le foie

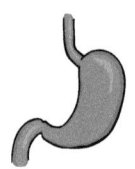

stomaku

l'estomac

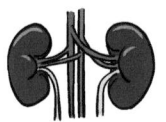

veshka

les reins

seks

le rapport sexuel

prezervativ

le préservatif

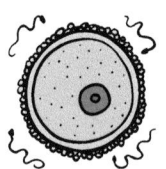

veza

l'ovule

sperma

le sperme

shtatëzani

la grossesse

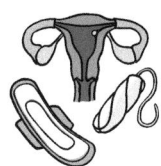

menstruacione
la menstruation

vagina
le vagin

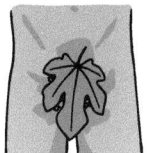

penis
le pénis

vetulla
le sourcil

flokët
les cheveux

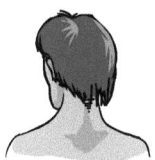

qafa
le cou

spital
l'hôpital

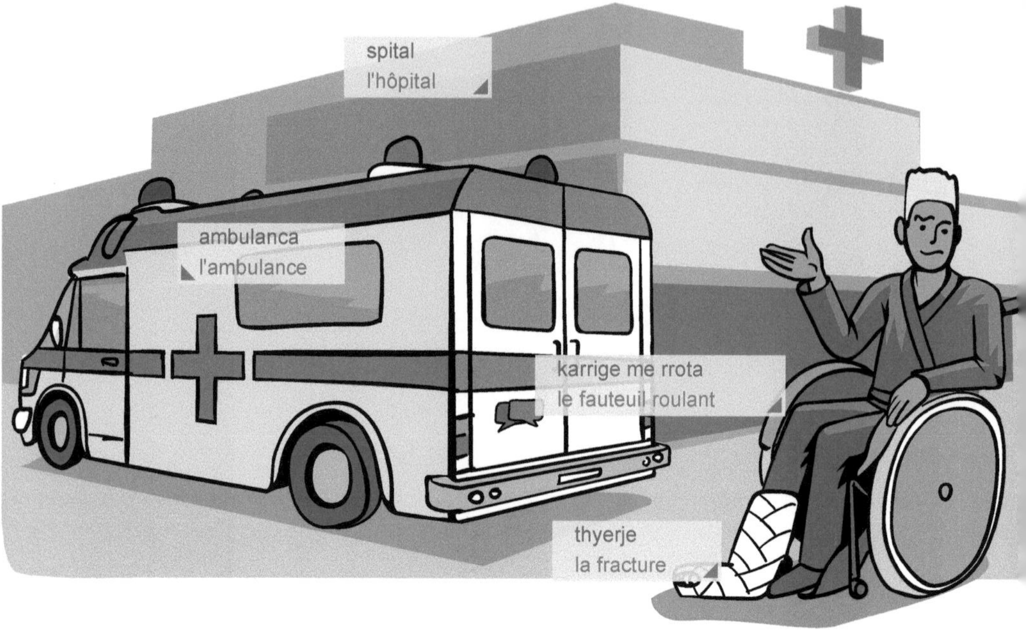

spital
l'hôpital
ambulanca
l'ambulance
karrige me rrota
le fauteuil roulant
thyerje
la fracture

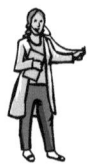

mjek
le médecin

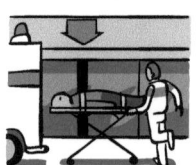

sallë urgjencash
le service des urgences

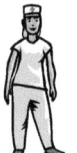

infermiere
l'infirmière

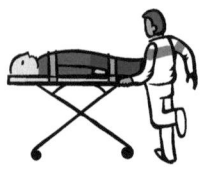

emergjencë
l'urgence

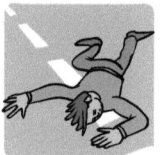

i pandërgjegjshëm
inconscient

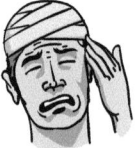

dhimbje
la douleur

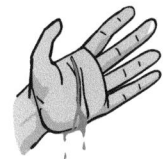

dëmtim

la blessure

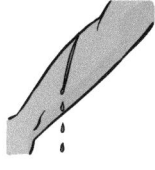

gjakosje

l'hémorragie

infarkt

la crise cardiaque

goditje

l'attaque cérébrale

alergji

l'allergie

kolla

la toux

ethe

la fièvre

grip

la grippe

diarre

la diarrhée

dhimbje koke

le mal de tête

kancer

le cancer

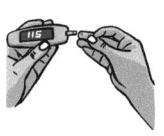

diabet

le diabète

kirurg

le chirurgien

bisturi

le scalpel

operacion

l'opération

CT (skaner)
le CT

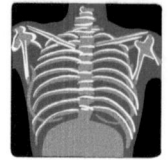

radiografi
la radiographie

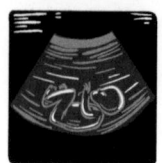

ultratingull
l'échographie

maskë fytyre
le masque

sëmundje
la maladie

dhomë pritjeje
la salle d'attente

paterica
la béquille

leukoplast
le pansement

fasho
le pansement

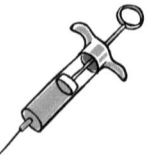

injeksion
l'injection

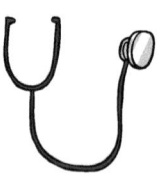

stetoskop
le stéthoscope

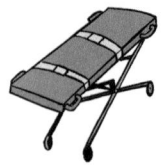

barelë
le brancard

termometër
le thermomètre

lindje
l'accouchement

mbipeshë
la surcharge pondérale

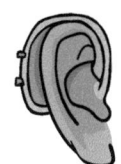

aparat dëgjimi

l'appareil auditif

dezinfektant

le désinfectant

infeksion

l'infection

virus

le virus

HIV / AIDS

le VIH / le sida

mjekësi, mjekim

le médicament

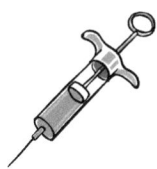

vaksinim

la vaccination

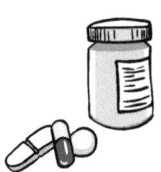

tableta

les comprimés

pilulë

la pilule

telefonatë emergjence

l'appel d'urgence

aparat tensioni

le tensiomètre

i sëmurë / i shëndetshëm

malade / sain

Ndihmë!

Au secours !

alarm

l'alarme

sulm

l'assaut

atak

l'attaque

rrezik

le danger

dalje emergjence

la sortie de secours

Zjarr!

Au feu!

fikëse zjarri

l'extincteur

aksident

l'accident

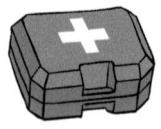

kuti e ndimës së shpejtë

la trousse de premier secours

SOS

SOS

policia

la police

Europa

l'Europe

Amerika e Veriut

l'Amérique du Nord

Amerika e Jugut

l'Amérique du Sud

Afrika

l'Afrique

Azia

l'Asie

Australia

l'Australie

Atlantiku

l'Océan atlantique

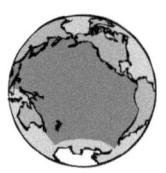

Paqësori

l'Océan pacifique

Oqeani Indian

l'Océan indien

Oqeani Antarktik

l'Océan antarctique

Oqeani Arktik

l'Océan arctique

Poli i veriut

le Pôle nord

Poli i Jugut

le Pôle sud

Antarktida

l'Antarctique

toka

la terre

tokë

le pays

det

la mer

ishull

l'île

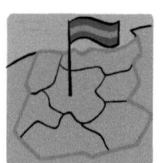

komb

la nation

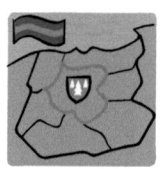

shtet

l'état

fusha e orës

le cadran

akrepi i orës

l'aiguille des heures

akrepi i minutave

l'aiguille des minutes

akrepi i sekondave

l'aiguille des secondes

Sa është ora?

Quelle heure est-il ?

ditë

le jour

kohë

le temps

tani

maintenant

orë dixhitale

la montre digitale

minutë

la minute

orë

l'heure

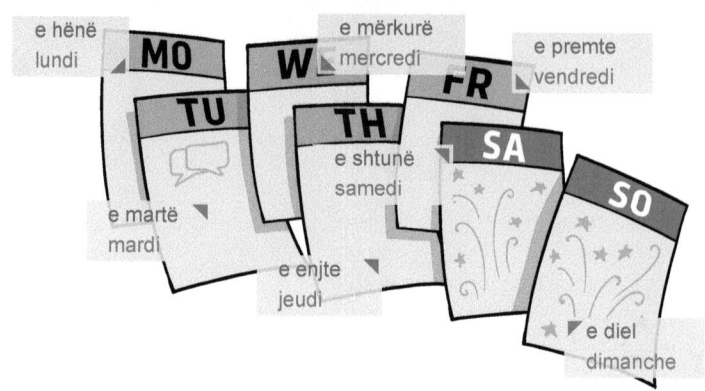

dje

hier

sot

aujourd'hui

nesër

demain

mëngjes

le matin

mesditë

le midi

mbrëmje

le soir

ditë pune

les jours ouvrables

fundjavë

le week-end

vit

l'année

shi
la pluie
ylber
l'arc-en-ciel
borë
la neige
erë
le vent
pranverë
le printemps
vjeshtë
l'automne
verë
l'été
dimër
l'hiver

4.APRIL 11°
5.APRIL 4°
6.APRIL 13°
7.APRIL 8°
8.APRIL 10°

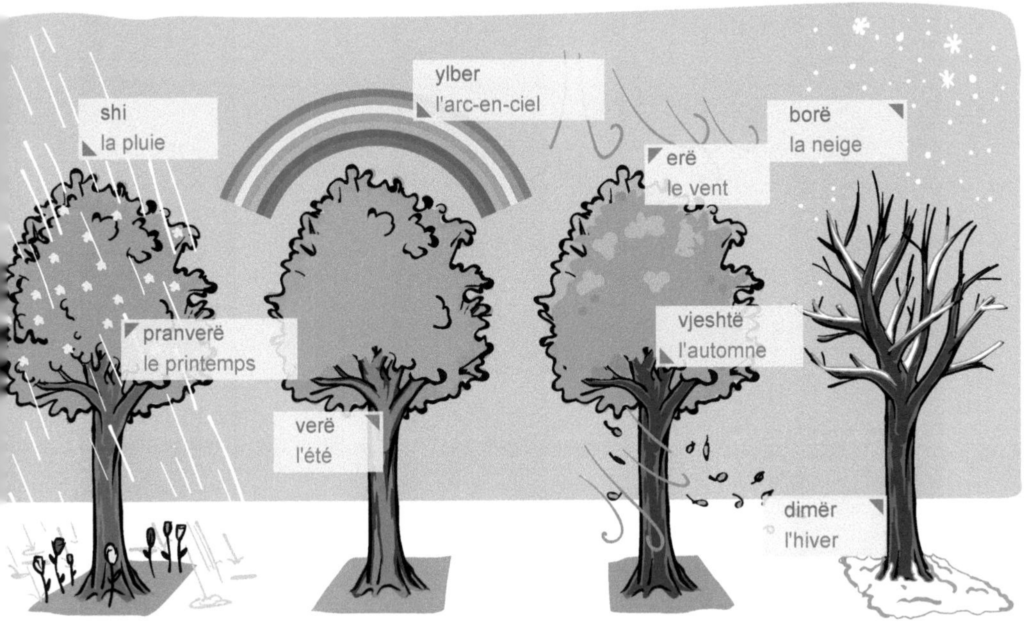

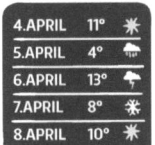

parashikimi i motit

la météo

F C
120 40
90 30
60 20
30 10
0 0
-30 -10
-20

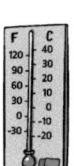

termometër

le thermomètre

ndriçim dielli

la lumière du soleil

re

le nuage

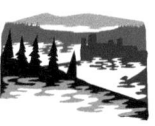

mjegull

le brouillard

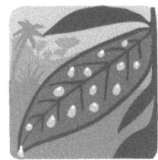

lagështi

l'humidité

vetëtima

la foudre

gjëmim

la tonnerre

stuhi

la tempête

breshër

la grêle

muson

la mousson

përmbytje

l'inondation

akull

la glace

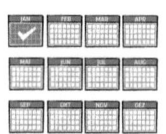

janar

janvier

shkurt

février

mars

mars

prill

avril

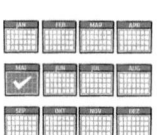

maj

mai

qershor

juin

korrik

juillet

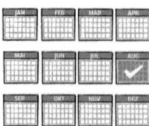

gusht

août

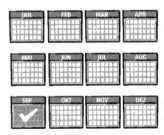

shtator
....
septembre

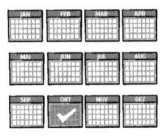

tetor
....
octobre

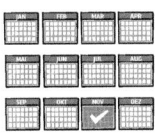

nëntor
....
novembre

dhjetor
....
décembre

rreth
....
le cercle

katror
....
le carré

drejtkëndësh
....
le rectangle

trekëndësh
....
le triangle

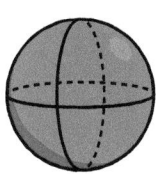

sferë
....
la sphère

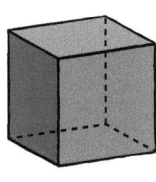

kub
....
le cube

e bardhë

blanc

e verdhë

jaune

portokalli

orange

rozë

rose

e kuqe

rouge

vjollcë

violet

blu

bleu

e gjelbër

vert

kafe

marron

gri

gris

e zezë

noir

shumë / pak

beaucoup / peu

i nevrikosur / i qetë

fâché / calme

i bukur / i shëmtuar

joli / laid

fillim / fund

le début / la fin

i madh / i vogël

grand / petit

i ndritshëm / i errët

clair / obscure

vëlla / motër

frère / soeur

e pastër / e pistë

propre / sale

e plotë / jo e plotë

complet / incomplet

ditë / natë

le jour / la nuit

gjallë / vdekur

mort / vivant

i gjerë / i ngushtë

large / étroit

i ngrënshëm / i
pangrënshëm

comestible / incomestible

i keq / i këndshëm

méchant / gentil

i lumtur / i mërzitur

excité / ennuyé

i shëndoshë / i dobët

gros / mince

e para / e fundit

le premier / le dernier

mik / armik

l'ami / l'ennemi

plot / bosh

plein / vide

e fortë / e butë

dur / souple

e rëndë / e lehtë

lourd / léger

uri / etje

faim / soif

i sëmurë / i shëndetshëm

malade / sain

e paligjshme / e ligjshme

illégal / légal

i zgjuar / budalla

intelligent / stupide

majtas / djathtas

gauche / droite

afër / larg

proche / loin

e re / e përdorur

nouveau / usé

asgjë / diçka

rien / quelque chose

i moshuar / i ri

vieux / jeune

ndezur / fikur

marche / arrêt

hapur / mbyllur

ouvert / fermé

i qetë / i zhurmshëm

faible / fort

i pasur / i varfër

riche / pauvre

e drejtë / e gabuar

correct / incorrect

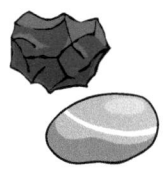

i ashpër / i butë

rugueux / lisse

i mërzitur / i lumtur

triste / heureux

i shkurtër / i gjatë

court / long

ngadalë / shpejt

lent / rapide

i lagësht / i thatë

mouillé / sec

ngrohtë / freskët

chaud / froid

luftë / paqe

la guerre / la paix

të kundërta - les oppositions

0

zero

zéro

1

një

un / une

2

dy

deux

3

tre

trois

4

katër

quatre

5

pesë

cinq

6

gjashtë

six

7

shtatë

sept

8

tetë

huit

9

nentë

neuf

10

dhjetë

dix

11

njëmbëdhjetë

onze

12

dymbëdhjetë

douze

13

trembëdhjetë

treize

14

katërmbëdhjetë

quatorze

15

pesëmbëdhjetë

quinze

16

gjashtëmbëdhjetë

seize

17

shtatëmbëdhjetë

dix-sept

18

tetëmbëdhjetë

dix-huit

19

nentëmbëdhjetë

dix-neuf

20

njëzetë

vingt

100

qind

cent

1.000

mijë

mille

1.000.000

milion

le million

anglisht

l'anglais

anglishte amerikane

l'anglais américain

kinezisht mandarin

le chinois mandarin

hindi

le hindi

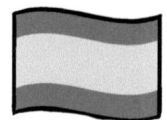

spanjisht

l'espagnol

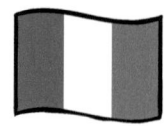

frëngjisht

le français

arabisht

l'arabe

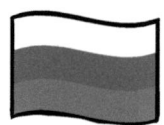

rusisht

le russe

portugalisht

le portugais

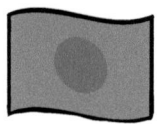

bengalisht

le bengali

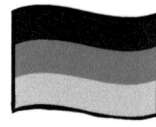

gjermanisht

l'allemand

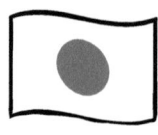

japonisht

le japonais

unë

je

ti

tu

ai / ajo

il / elle / ce, c', cela

ne

nous

ju

vous

ata

ils / elles

kush?

Qui ?

çfarë?

Quoi ?

si?

Comment ?

ku?

Où ?

kur?

Quand ?

emër

le nom

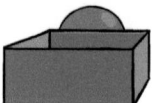

pas
....
derrière

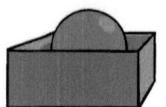

në
....
dans

përballë
....
devant

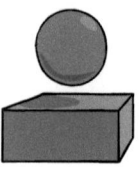

sipër
....
au-dessus

mbi
....
sur

poshtë
....
en-dessous

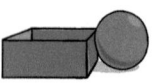

pranë
....
à côté de

midis
....
entre

vend
....
le lieu